Inhalt

Agrarchemie - Schlechtes Image, aber gut im Geschäft

Kernthesen

Beitrag

Fallbeispiele

Zahlen und Fakten

Weiterführende Literatur

Impressum

GENIOS BranchenWissen Nr. 03 vom 25.03.2013

Agrarchemie - Schlechtes Image, aber gut im Geschäft

Anja Schneider

Kernthesen

- Deutschland hat einen Anteil von rund zehn Prozent am internationalen Pflanzenschutzmarkt.
- Bei den großen Anbietern wie Syngenta, Bayer, BASF und Dow Chemical liefen die Geschäfte in der Agrochemiesparte in der vergangenen Saison sehr gut.
- Das geplante EU-Verbot von Neonikotinoiden, eingesetzt beim Anbau von Raps und Zuckerüben, ist umstritten. Ökonomische und ökologische Interessen prallen aufeinander.

Beitrag

Deutscher Markt für Pflanzenschutz und Pflanzenernährung

Die Agrochemiebranche blickt optimistisch ins Frühjahr. Für 2013 rechnet man in der Branche mit einem Wachstum des deutschen Marktes für Pflanzenschutzmittel um etwa drei bis vier Prozent.

Beim Umsatz der deutschen Industrie für Pflanzenschutzmittel sind weiterhin keine gravierenden Änderungen zu beobachten. Im Jahr 2011 erzielten die 44 Mitgliedsunternehmen des Industrieverbands Agrar e.V. (IVA) einen Nettoinlandsumsatz von 1,291 Milliarden Euro - und damit etwas mehr als im Jahr zuvor (plus 2,9 Prozent). Hinzu kommt der Consumer-Bereich; mit Produkten für Haus und Garten wurden knapp 119 Millionen Euro erwirtschaftet (plus 19,1 Prozent).

Der Jahresumsatz der deutschen Düngemittelindustrie betrug im Jahr 2011 rund 3,3 Milliarden Euro (plus 29 Prozent). Der Inlandsumsatz mit Pflanzenernährungsmitteln verzeichnete dabei ein stattliches Plus von 34 Prozent auf 1,170 Milliarden Euro, die Exporterlöse stiegen um 26 Prozent auf 2,136 Milliarden Euro. Dem IVA gehören dreizehn Unternehmen der Düngemittelindustrie an. (4), (5)

Weltmarkt wächst langfristig

Langfristig gelten sowohl der Pflanzenschutzmarkt als auch die Düngemittelindustrie als Wachstumsmärkte, denn die Nachfrage nach landwirtschaftlichen Produkten steigt mit wachsender Weltbevölkerung. Bis zum Jahr 2025 soll die Weltbevölkerung um weitere 14 Prozent auf dann acht Milliarden Menschen anwachsen. Immer mehr Menschen müssen ernährt werden, immer mehr Tiere gefüttert. Doch die weltweit nutzbaren Ackerflächen sind begrenzt. Daher müssen die vorhandenen Flächen intensiv bewirtschaftet werden. Um dem Boden die Nährstoffe zurückzugeben, die ihm dadurch entzogen werden, muss gedüngt werden. Zum Düngen können organische Dünger wie Mist, Gülle und Klärschlamm oder industriell erzeugte Mineraldünger verwendet werden (z.B. Stickstoff-, Phosphat-, Kali-, Kalkdünger). Studien haben ergeben, dass durch die Stickstoffdüngung bereits heute rund 50 Prozent der Weltbevölkerung ernährt werden.

Der Weltmarkt für Pflanzenschutzmittel summierte sich 2011 auf 34,3 Milliarden Euro (plus 18,6 Prozent). Die deutsche Pflanzenschutzindustrie exportiert über 60 Prozent ihrer Produkte ins Ausland. Deutschlands Weltmarktanteil beträgt rund zehn Prozent (Nettoinlandsumsatz zuzüglich Exporte). So strukturiert sich der Weltmarkt: 27,3 Prozent entfallen auf die Europäische Union, 26,1 Prozent auf Asien inkl. Japan und Ozeanien, es folgt Lateinamerika mit 24,1 Prozent und dann die USA, Kanada und Mexiko (NAFTA) mit 18,6 Prozent. [Abb. 1] (6)

Die internationalen Düngemittelmärkte setzen ihre Erholung nach dem Einbruch im 2008/09 weiter fort. Das weltweite Nachfragewachstum liegt bei stetigen drei Prozent pro Jahr. Insgesamt wird der Düngemittelabsatz der Saison 2010/11 für die drei Hauptnährstoffe Stickstoff, Phosphat und Kali auf 173 Millionen Tonnen (plus 6,2 Prozent) geschätzt. (7)

Agrochemieanbieter gut im Geschäft

Die Geschäfte der Agrochemieanbieter liefen in der vergangenen Saison operativ sehr gut. Die starke Nachfrage in Nord- und Südamerika konnte eine

Schwäche in China kompensieren. Unter den Anbietern fand seit 1990 ein Konsolidierungsprozess statt. Heute herrscht eine oligopolistische Marktstruktur mit nur noch sechs global tätigen Unternehmen. Sie machen über 80 Prozent des weltweiten Umsatzes mit Pflanzenschutzmitteln. Gemäß Umsatz 2011 ergibt sich laut IVA folgendes Ranking: Syngenta (Schweiz), Bayer, BASF, Dow (USA), Monsanto (USA), DuPont (USA), MAI (Makhteshim Agan, Israel), Nufarm (Australien). Es gibt allerdings auch andere Anbieter der Agrochemiebranche, die von sich reden machen. So entstand in Polen im Sommer 2012 durch Fusion von Azoty Tarnow und Pulawy der drittgrößte Hersteller von Stickstoffdünger in Europa. Größter Stickstoffhersteller Europas ist der norwegische Konzern Yara. Das Kasseler Unternehmen K+S hat sein Stickstoffdünger-Geschäft an die russische Euro-Chem verkauft. Bekannt sind auch der russische Düngemittel-Konzern Phosagro, der chinesische Düngemittelhersteller China Blue Chemical und Israel Chemicals. (8), (9)

Brennpunkt: Bienensterben contra Rapsanbau

Das Image der chemischen Pflanzenschutzindustrie ist schlecht. Die Hersteller tun sich schwer, der

Öffentlichkeit den Nutzen ihrer Produkte unter ökologischen, ökonomischen und sozialen Aspekten zu vermitteln. Gentechnik ist unbeliebt, vor allem in Europa. Im Gedächtnis bleiben Nachrichten von ausgelaugten, verschmutzten Böden und Rückständen in Lebensmitteln. Aktuell gibt es Streit um den Einsatz von Neonikotinoiden. Die EU-Kommission in Brüssel verfolgt Pläne für ein umfassendes Verbot von Pflanzenschutz-Wirkstoffen aus der Gruppe der Neonikotinoide. In der Landwirtschaft werden sie beim Anbau von Raps und Zuckerrüben eingesetzt - auch in Deutschland. Hergestellt werden die Spritzmittel von Bayer und Syngenta. Seit Jahren sind diese Insektengifte umstritten, weil sie für das Sterben von Bienenvölkern verantwortlich gemacht werden. Die Gegner des Verbots argumentieren, dass die Saatgutbeizung mit Neonikotinoiden zur sicheren Nahrungsmittelproduktion in Europa beitrage, dass den Landwirten ohne sie kaum noch wirksame Alternativen zum Schutz gegen Schädlingsbefall zur Verfügung stünden, dass ihre Bienenschädlichkeit nicht bewiesen sei, dass das geplante EU-Verbot Arbeitsplätze gefährde - und dass außerdem die Varroa-Milbe für das Bienensterben verantwortlich sei. [(1)](#), [(2)](#), [(3)](#)

Die Branche ist sich ihres schlechten Images bewusst. Seit Mitte 2011 arbeiten der Lehrstuhl für

Internationalen Agrarhandel und Entwicklung, die Humboldt-Universität zu Berlin und der Industrieverband Agrar (IVA) an einem Forschungsprojekt, das den gesamtgesellschaftlichen Nutzen des Pflanzenschutzes in Deutschland aufzeigen will. Der erste Teil der Studie hat errechnet, dass durch den Einsatz von Pflanzenschutz in der deutschen Landwirtschaft jährlich Wohlfahrtsgewinne von über vier Milliarden Euro entstehen. Dank Pflanzenschutz werden mehr Menschen ernährt und weniger Treibhausgase freigesetzt. (4)

Trends

Gentechnik ist bei deutschen Verbrauchern höchst ungern gesehen. Doch weltweit ist sie auf dem Vormarsch. Auch die deutschen Saatguthersteller haben sich keineswegs ausgeklinkt, da darf man sich vom Rückzug von BASF mit seinen Genkartoffeln nach Amerika nicht täuschen lassen. Bayer Crop Science testet Gen-Baumwolle in Spanien, KWS Saat AG testet dort gentechnisch modifizierte Zuckerrüben, angebaut wird Gen-Mais Mon 810, bald könnte Gen-Soja aus Rumänien folgen, der amerikanische Züchter Pioneer klagt vor dem Europäischen Gerichtshof auf Zulassung einer Gen-Mais-Variante. (1)

Fallbeispiele

Syngenta

Syngenta ist der weltweit führende Anbieter im Geschäft mit Pflanzenschutzmitteln und einer der drei Topanbieter im Saatgut. Das Schweizer Unternehmen entstand im Jahre 2000 aus einer Fusion der Agrarsparten von Novartis und AstraZeneca und erwirtschaftete 2012 einen Umsatz von über 14 Milliarden US-Dollar. Syngenta entwickelt beispielsweise neue Weizensorten, baut Mais, Reis, Gemüse und Blumen an. Syngenta übernahm in der zweiten Jahreshälfte 2012 vom amerikanischen Chemieunternehmen Dupont die Insektizide im Geschäftsbereich Professional Products, baute damit sein Produktportfolio in den Segmenten Rasen, Zierpflanzen und Schädlingsbekämpfung im Haushalt aus und wertete dies als Schritt bei der strategischen Fokussierung auf hochwertige Produkte in Pflanzenschutz und Genetik. Mit dem dänischen Biotechunternehmen Novozymes arbeitet Syngenta in der globalen Vermarktung von Produkten zusammen. Sie vertreiben gemeinsam das Fungizid Taegro, mit dem Landwirte ein breites Krankheitsspektrum bei einer Vielzahl von Nutzpflanzen mit sehr niedriger Dosierung zu bekämpfen können, und JumpStart, eine Technologie zur Saatgutbehandlung zur Verbesserung der Phosphatlöslichkeit im Boden. (3), (10), (11)

Bayer Crop Science

Bei Bayer Crop Science, Monheim, liefen die Geschäfte in der Pflanzenschutz- und Saatgutsparte im vergangenen Jahr besonders gut. Sie kommt derzeit mit 21 000 Beschäftigten auf einen Jahresumsatz von zuletzt rund 8,4 Milliarden Euro und gilt als Ertragsperle. In der vergangenen Saison profitierte das Geschäft von der starken Nachfrage aus Nordamerika. Bis 2016 nimmt der Konzern Geld in die Hand und will sieben Milliarden Euro investieren in die Entwicklung neuer Produkte und in den Bau von Produktionsanlagen. Ab 2014 will Bayer Crop Science in eigener Regie Rapssaatgut in Deutschland vertreiben. Diverse Kooperationen sollen die starke Weltmarktposition ausbauen. Übernommen wird das US-Unternehmen AgraQuest, womit Bayer sein Geschäft mit Pflanzenschutzmitteln auf biologischer Basis stärken will. Auch arbeitet Bayer Crop Science mit Mendel Biotechnology, Kalifornien, zusammen; gemeinsam wollen sie Herbizide mit neuen Wirkmechanismen finden, damit Unkrautresistenzen überwunden werden können. Mit dem Wissen der Firma Prophyta aus Mecklenburg-

Vorpommern will Bayer eine führende Angebotspalette integrierter Kulturlösungen aufbauen, basierend auf hochwertigem Saatgut, innovativen Pflanzenschutzlösungen und maßgeschneiderten Kundenservices. (5), (12), (13), (14), (15)

BASF

Chemiegigant BASF hat auch Chemikalien für die Landwirtschaft in seinem Portfolio. Er richtet die Sparte strategisch auf Ertragssteigerungen bei Nutzpflanzen aus. Die Stressresistenz der Nutzpflanzen wie Soja oder Mais soll gesteigert werden. Dazu wurde bereits eine Kooperation mit dem amerikanischen Kontrahenten Monsanto geschmiedet. Zusammen haben sie den ersten gentechnisch veränderten trockentoleranten Mais entwickelt, die Marktzulassung für die USA ist erfolgt, die vollständige Markteinführung soll 2013/14 erfolgen. Hingegen stellt BASF Projekte zu Futtermais mit verbesserten Nährstoffen in den USA und die europäischen Zulassungsprozesse für die Kartoffeln Fortuna, Amadea und Modena ein. Der Bedarf an Fungiziden wächst. BASF Crop Protection reagierte und erhöhte im vergangenen Jahr die Produktionskapazität für Fungizide in Deutschland und den USA. BASF hat 2012 Becker Underwood gekauft und will sich dadurch zu einem führenden weltweiten Anbieter von Technologien zur biologischen Saatgutbehandlung sowie von Pigmenten und Polymeren zur Saatgutbehandlung entwickeln. (16), (17), (18), (19)

Zahlen & Fakten

Abbildung 1: Deutsche Hersteller haben am Weltmarkt für Pflanzenschutzmittel einen Anteil von 10 Prozent

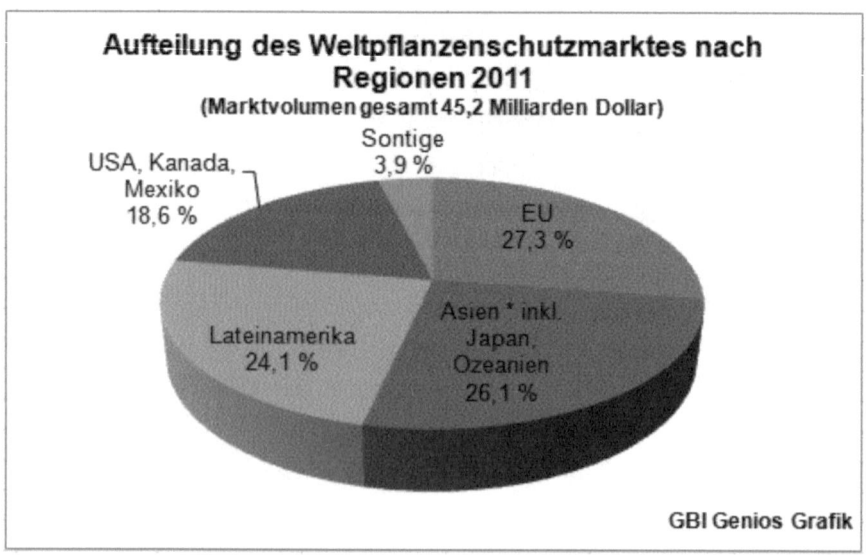

Quelle: Philips McDougall

Entnommen aus: Pflanzenschutzmarkt 2011: stabil in schwierigem Umfeld, Industrieverband Agrar e.V., (6)

Weiterführende Literatur

(1) Schutz der natürlichen Lebensgrundlagen
aus Frankfurter Rundschau vom 13.03.2013, S. 7

(2) Streit über Pestizide für Raps und Rüben entbrannt
aus VDI NR. 04 VOM 25.01.2013 SEITE 9

(3) UNTERNEHMENSPORTRAIT/Syngenta AG
aus VDI NR. 04 VOM 25.01.2013 SEITE 9

(4) Jahresbericht 2011/2012
aus VDI NR. 04 VOM 25.01.2013 SEITE 9

(5) Europäische Saatgutstrategie am Start
aus agrarzeitung 11 vom 15.03.2013 Seite 006

(6) Pflanzenschutzmarkt 2011: stabil in schwierigem Umfeld
aus agrarzeitung 11 vom 15.03.2013 Seite 006

(7) Der Düngemittelmarkt - Teil einer globalen Wachstumsbranche
aus agrarzeitung 11 vom 15.03.2013 Seite 006

(8) Polen schmiedet Großkonzern für Stickstoffdünger
aus - CHEManager vom 02.08.2012, Heft 15/2012, Seite 3

(9) Chemieriesen stärken sich mit Nahrungsergänzungsmitteln CHEMIEBRANCHE Konzerne setzten verstärkt auf Zukäufe außerhalb des klassischen Kerngeschäfts
aus WirtschaftsBlatt, 23.11.2012, Nr. 4244, S. 24

(10) Syngenta kauft Haushalts-Insektizide von DuPont
aus chemie.de News vom 30.08.2012

(11) Syngenta und Novozymes
aus - CHEManager vom 31.10.2012, Heft 20/2012, Seite 6

(12) Bayer investiert 7 Mrd. EUR in Pflanzenschutzsparte
aus - CHEManager vom 27.09.2012, Heft 18/2012, Seite 3

(13) Bayer investiert in biologischen Pflanzenschutz
aus - CHEManager vom 12.07.2012, Heft 13-14/2012, Seite 3

(14) Herbizidresistenzen Herbizide mit neuen Wirkmechanismen
aus LP Nr. 010 vom 19.10.2012

(15) Bayer kauft bei Tiermedizin und Pflanzenschutz zu

aus - CHEManager vom 24.01.2013, Heft 1-02/2013, Seite 7

(16) BASF erweitert Forschung im Bereich Pflanzenbiotechnologie auf Pilzresistenz bei Mais
aus chemie.de News vom 01.02.2013

(17) 2012 - die Chemiebranche zieht Bilanz
aus - CHEManager vom 14.03.2013, Heft 5/2013, Seite 1

(18) BASF erhöht Produktionskapazität für Fungizide in Deutschland und den USA
aus chemie.de News vom 28.09.2012

(19) BASF schließt Akquisition von Becker Underwood ab
aus chemie.de News vom 29.11.2012

Impressum

Agrarchemie - Schlechtes Image, aber gut im Geschäft

Bibliografische Information der deutschen Nationalbibliothek

Die Deutsche Nationalbibliothek verzeichnet diese Publikation in der deutschen Nationalbibliografie; detaillierte bibliografische Daten sind im Internet über http://dnb.d-nb.de abrufbar.

ISBN: 978-3-7379-2282-1

© 2015 GBI-Genios Deutsche Wirtschaftsdatenbank GmbH, Freischützstraße 96, 81927 München, www.genios.de

Alle Rechte vorbehalten. Dieses Werk ist einschließlich aller seiner Teile – z.B. Texte, Tabellen und Grafiken - urheberrechtlich geschützt. Jede Verwertung außerhalb der Grenzen des Urheberrechtsgesetzes bedarf der vorherigen Zustimmung des Verlags. Dies gilt insbesondere auch für auszugsweise Nachdrucke, fotomechanische Vervielfältigungen (Fotokopie/Mikroskopie), Übersetzungen, Auswertungen durch Datenbanken oder ähnliche Einrichtungen und die Einspeicherung und Verarbeitung in elektronischen Systemen.